AF263407

QUESTIONS CAPITALES

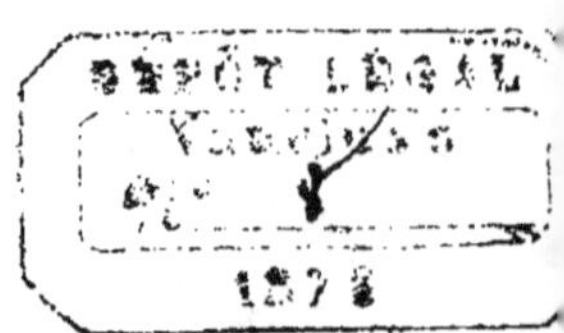

LE DROIT, LA LIBERTÉ, LA FORME DE GOUVERNEMENT

PAR

Henri de la CAPELETTE

AVIGNON

FR. SEGUIN AINÉ, IMPRIMEUR-LIBRAIRE

13, rue Bouquerie, 13.

1874

QUESTIONS CAPITALES

LE DROIT, LA LIBERTÉ, LA FORME
DE GOUVERNEMENT

La France est sur le point de recevoir une nouvelle constitution. On se demande avec anxiété quelle en sera la forme essentielle : va-t-on constituer la République? retournons-nous à l'Empire? reverrons-nous la Monarchie de Juillet ? rétablira-t-on la Monarchie traditionnelle ? Ces questions agitent tous les esprits. Chacun, considérant ses intérêts, ses goûts ou même ses caprices, désire telle forme plutôt que telle autre ; chacun se persuade que le salut, qu'il juge d'après ses sentiments, est dans la forme de gouvernement qui lui paraît préférable. On se compte, on s'agite pour exercer une certaine influence ; on cherche la majorité et on oublie que la constitution d'un pays n'est pas une affaire de goût, de majorité, pas même une question de bien-être plus ou moins général, mais bien une question de justice, une question de droit.

On peut étudier les droits d'un peuple, quand ils ont été obscurcis, et se demander quelle est la constitution qui résulte de ses droits ; mais c'est une immense erreur de croire qu'il suffit de consulter les volontés à ce sujet, et que la majorité seule doit faire loi. Avant tout et après tout, il faut consulter les droits de tous et de chacun, et veiller à ce qu'aucun ne soit lésé.

Pour nous, voilà le point de vue sous lequel nous croyons qu'il faut considérer toutes les questions politiques, et c'est

parce que ce point de vue est entièrement oublié aujour-
d'hui, et parce qu'il nous semble essentiel et indiscutable,
que nous avons pris le parti de le mettre au jour.

Nous entendons démontrer que la forme du gouvernement
est, pour chaque pays, une question de droit naturel, qu'on
peut, à juste titre, appeler aussi droit divin, car tout ce qui
est naturel vient de Dieu.

On a beaucoup ri de la Monarchie et de la République,
tour à tour soutenues comme de droit divin. Nous prions
seulement nos lecteurs de nous lire jusqu'au bout et par
ordre, sans rien passer ; de ne pas se hâter de tirer des conclusions prématurées : ils ignoreront jusqu'au bout si nous
défendons la Monarchie ou la République. Nous pensons, en
écartant ainsi le préjugé du parti ou de l'opinion, les ame-
ner aux seules conclusions de la raison. La République et la
Monarchie sont également au-dessus du suffrage universel.
Nous montrerons ensuite quel est le droit des Français à ce
sujet.

LE DROIT

Le fondement de toute discussion sincère doit être de poser en principe des idées, sur lesquelles on soit parfaitement d'accord : sans cette précaution, on dispute éternellement sur un même objet, et on n'arrive jamais à s'entendre. Aussi, c'est avec raison que tous les vrais philosophes ont soin de poser, en tête de toutes leurs discussions, une définition de l'objet sur lequel va rouler la discussion. Toutefois, il n'est pas suffisant dans une question, où l'on veut arriver à la vérité, de donner une définition arbitraire du mot principal, qui exprime l'objet même de la discussion. Les définitions de mots ne suffisent pas dans ce cas ; c'est la chose même qu'il faut arriver à connaître telle qu'elle est, si l'on veut que les conclusions soient vraies.

Nous allons donc essayer, non pas de donner une définition du *droit*, mais d'abord de nous entendre sur le sens de ce mot, et ensuite de montrer le droit lui-même dans sa réalité, de telle manière que chacun puisse en avoir une idée exacte et puisse se dire : Voilà bien, en effet, ce que c'est que le droit !

Cette explication, bien établie et reconnue incontestable par tous nos lecteurs, nous permettra de montrer, dans tout son jour et dans toute sa vérité, l'origine du droit : ce qui est encore d'une importance capitale pour la solution des questions que nous aurons à traiter ensuite.

La notion exacte et claire du droit nous amènera, naturellement et nécessairement, à la liberté : car nous y verrons que le droit appelle, réclame, exige la liberté ; tandis qu'au contraire, il est juste que celui qui veut outrepasser ses droits soit mis dans l'impossibilité d'accomplir ses desseins.

Enoncer de pareilles doctrines, c'est presque les démontrer ; toutefois, nous allons procéder à leur démonstration, selon l'ordre que nous venons d'indiquer.

QU'EST-CE QUE LE DROIT ?

Pour bien entendre ce mot et pour connaître exactement la chose qu'il désigne, commençons par nous demander dans quel cas et à quelles conditions tout le monde s'accorde à dire que tel homme a tel droit.

Tout homme qui vit a, en présence de l'assassin qui veut le tuer, le *droit* de vivre. Cependant, si l'assassin le tue, nous dirons après qu'il n'a pas eu le *pouvoir* de vivre.

Tout homme, qui possède une intelligence, a le droit de s'instruire ; cependant, il n'en a pas toujours les moyens.

Tout homme qui possède une chose quelconque, et qui la possède comme propriétaire, a le droit d'user de cette chose. Si on la lui ravit, il n'aura plus le pouvoir d'en user, mais tous nous convenons qu'il en conservera le droit. Tandis que le voleur, qui l'aura prise, aura le pouvoir, mais non le droit, d'en user.

Il résulte de ces considérations, il en résulte d'une manière incontestable, que le *droit* n'est pas le *pouvoir* et que nous concevons très-bien que l'un puisse exister sans l'autre.

Mais, si nous concevons que le droit n'est pas le pouvoir, et que souvent on a l'un sans avoir l'autre, nous concevons aussi que l'un ne doit pas aller sans l'autre ; que celui qui a le droit doit avoir le pouvoir, et que celui qui n'a pas le droit doit être privé du pouvoir de faire ce dont il n'a pas le droit ; qu'il est de toute justice que celui qui a un droit revendique le pouvoir de l'exercer sans entraves, tandis qu'il est entièrement injuste qu'un homme ait le pouvoir de faire ce dont le droit appartient à un autre.

Ainsi le droit n'est pas le pouvoir, mais le droit appelle, réclame, exige le pouvoir. Celui qui possède un droit peut justement revendiquer le pouvoir de l'exercer. Bien plus, le droit n'est pas autre chose que la légitime revendication du pouvoir, ou, mieux encore, LE DROIT C'EST LA LÉGITIMITÉ D'UN POUVOIR que l'on a ou que l'on revendique.

C'est ce qui a fait dire aux légistes anciens et modernes : le droit c'est la faculté légitime d'user de quelque chose. On comprend leur pensée, mais leur expression est fausse. En effet, on appelle pouvoir légitime un pouvoir qui est fondé sur un droit ; mais il est évident que le pouvoir fondé sur le droit est autre chose que ce droit lui-même, donc le droit n'est pas un pouvoir légitime.

D'ailleurs, ces distinctions étant faites pour éviter toute confusion, il est certain que le mot *droit* est plus clair que toutes les définitions que l'on pourrait en donner ; aussi, quand nous disons que le droit est la légitimité d'un pouvoir, nous ne prétendons pas donner une définition plus claire que le mot lui-même, mais seulement chasser toute espèce de malentendu, en faisant ressortir, autant que nous le pouvons, la nature de ce quelque chose que tout le monde connaît, et que tout le monde appelle le droit.

A QUI APPARTIENT LE DROIT ?

De tout ce qui précède, il résulte que le droit appartient nécessairement à quelqu'un, et qu'il ne peut pas exister sans cela. Le droit en lui-même n'est rien, mais tel ou tel a le droit de faire telle chose. Or, à qui appartient le droit?

D'abord, on ne dit jamais d'une chose inanimée qu'elle a un droit. Je ne dirai pas, par exemple : ma porte a le droit de n'être pas ouverte frauduleusement par un voleur.

On ne dit pas davantage d'une bête qu'elle ait un droit quelconque. On ne dira pas, par exemple : mon chien a le droit de n'être pas battu.

On n'attribue le droit qu'aux êtres intelligents. Un homme a le droit d'user de ce qui lui appartient, il a le droit de vendre ou de donner, ou même de détruire tout ce qui lui appartient en pleine propriété. Dieu a le droit de conserver ou de détruire tout ce qui lui appartient, c'est-à-dire tout l'univers.

Ainsi, le langage de tous les hommes nous montre que le droit n'appartient qu'à Dieu et aux hommes. Nous n'avons pas à traiter ici les droits de Dieu, nous allons donc rechercher uniquement les droits des hommes.

En nous demandant quels sont les droits des hommes, si nous voulions les énumérer tous, la réponse à cette question serait interminable ; mais si, sans les énumérer, nous parvenons à classer les droits, d'après leurs ressemblances et leurs différences, et surtout si nous parvenons à établir l'origine du droit, la réponse sera courte et facile.

Et d'abord : tous les droits se ressemblent-ils, ou bien diffèrent-ils entre eux?

Ensuite : qu'ils soient semblables ou différents, tous les hommes ont-ils les mêmes droits?

— Tous les droits se ressemblent, en tant que droits, et s'ils diffèrent, ce n'est que par leurs objets. Ainsi le droit d'un propriétaire sur sa maison ne ressemble pas aux droits d'un père sur ses enfants, ni aux droits d'un chef sur ses subalternes, ni aux droits des subalternes vis-à-vis de leurs chefs. Il y a donc plusieurs sortes de droits.

La différence entre les droits vient :

1° De la nature de leurs objets : ainsi on comprend que les droits qu'un homme peut avoir sur un autre homme ne sont jamais les droits d'un propriétaire sur sa chose.

2° De ce que plusieurs personnes ont des droits sur un même objet ; et ces droits peuvent encore être semblables ou différents. Ainsi, quand deux hommes sont, *par indivis*, tous deux propriétaires d'une même maison, le droit de chacun d'eux sur cette même maison n'est pas le même que si un seul la possédait. Ou bien encore, si, sur une même maison, l'un possède la nu-propriété et l'autre l'usufruit, le droit de chacun d'eux sur cette maison est différent, non-seulement du droit d'un propriétaire parfait, mais encore le droit de l'un ne ressemble pas au droit de l'autre.

Donc, les droits sont différents, comme leurs objets ; et quand le même droit appartient à plusieurs, les droits de chacun d'eux diffèrent encore avec la part que chacun possède de ce droit.

— Il est maintenant facile de voir que tous les hommes n'ont pas les mêmes droits : celui qui possède une terre a des droits sur sa terre, celui qui ne possède que des meubles n'a des droits que sur ses meubles. Et il est facile de voir que celui qui ne possède que des biens meubles, n'en peut jouir qu'en tant que quelqu'un, de ceux qui possèdent une terre, lui permet d'en jouir sur sa terre, sans quoi le propriétaire des meubles, loin de pouvoir en jouir, n'aurait pas même où les déposer. C'est le cas de tout locataire d'une maison : il a des meubles à lui, mais il a besoin qu'un propriétaire veuille lui concéder l'usage de sa maison, sans quoi il restera dehors, lui et ses meubles et même, absolument parlant, il ne peut poser le pied quelque part qu'avec la permission du maître du sol, qui a le droit de rester seul chez lui, si cela lui plaît.

Ainsi l'homme qui ne possède aucune terre ne peut en habiter une qu'avec l'agrément du propriétaire ; et on conçoit que le propriétaire peut imposer, à celui à qui il permet d'habiter chez lui, telle condition qu'il voudra ; sauf au locataire de ne pas accepter les conditions, auquel cas il n'a qu'à se retirer et aller chercher ailleurs un propriétaire moins exigeant.

Ces exemples font voir que, sans qu'un homme ait aucune espèce de droit naturel sur un autre homme, il peut néanmoins, à raison de sa propriété, imposer des conditions, c’est-à-dire des lois aux autres hommes qui veulent habiter chez lui. Et on y voit aussi, d’un autre côté, que si les locataires peuvent refuser les conditions du propriétaire, ils n’ont pas d’autre droit vis-à-vis de lui que celui de se retirer, mais ils n’ont jamais le droit de venir s’imposer de force à lui (1).

Il est donc vrai de dire que tous les hommes n’ont pas les mêmes droits.

Mais d’ailleurs cette conclusion ressortira plus évidente de la solution de la question qui va suivre.

(1) Conçoit-on qu’on ait osé soutenir le contraire de ce que nous disons ici, appuyé sur le plus simple bon sens ? On trouverait cependant, dans les écrits contemporains, la doctrine qui met le propriétaire à la merci de son locataire, comme celle qui prétend forcer tel patron à faire travailler tel ouvrier !!!

QUELLE EST LA SOURCE DU DROIT ?

On ne peut concevoir le droit que comme quelque chose qui appartient à quelqu'un et qui lui appartient nécessairement. En d'autres termes, le droit nous apparaît, surtout après les considérations qui précèdent, comme la conséquence nécessaire d'un fait. Tous les exemples d'un droit quelconque, que nous avons donnés jusqu'ici, nous montrent tous un fait, dont la conséquence nécessaire est que l'homme, en faveur duquel ce fait existe, a le droit de faire telle ou telle chose. Nous passerions en revue tous les droits de tous les hommes que toujours nous y verrions la même chose, et d'ailleurs on ne peut pas concevoir le droit autrement.

Or, les différents faits qui engendrent ainsi les différents droits sont-ils tous de même nature et peut-on les désigner tous par un seul mot?

Pour répondre à cette question, il faut observer que le droit est quelque chose qui n'appartient qu'aux personnes, et, par suite que, pour qu'un fait engendre un droit en faveur de telle personne, il faut que ce fait lui soit personnel, il faut que quelque chose existe pour lui, à son avantage. Or, comment appelle-t-on, dans le langage de tout le monde, ce qui existe pour un homme, à l'avantage de cet homme? Cela s'appelle la propriété. Ce qui existe pour moi m'appartient, c'est ma propriété, et le fait par lequel cela existe pour moi s'appelle aussi propriété: Je suis propriétaire d'un objet, en ce que cet objet existe pour moi et il n'existe pour moi que parce que j'en suis propriétaire ; et le fait d'être propriétaire, qui est un fait personnel, s'appelle propriété.

Il y a plusieurs moyens de devenir propriétaire d'un objet:

1º En le produisant tout entier, et de rien : c'est la propriété entière et absolue; mais elle n'appartient qu'à Dieu, car Dieu seul fait les choses de rien.

2º En le produisant d'une matière dont on était propriétaire: c'est moins parfait, mais c'est pour les hommes la plus parfaite des propriétés.

3º En donnant une forme nouvelle à une matière dont on n'est pas le maître : on reste ainsi propriétaire de la forme sans acquérir la propriété de la matière.

4° En s'emparant le premier de quelque chose qui n'appartient encore à personne.

5° En achetant un objet, contre lequel on donne autre chose, que le premier propriétaire accepte en échange.

6° En recevant un objet en don.

7° Dans quelques cas plus difficiles à apprécier, en s'emparant du bien d'un autre, à titre de compensation d'un dommage qu'il nous a causé.

Tous ces moyens engendrent la propriété de l'objet acquis, et cette propriété emporte avec elle le droit d'user de l'objet.

Ainsi, la propriété est un fait personnel à l'égard d'une chose, et qui donne le droit d'user de cette chose.

La propriété est donc une source du droit.

Y a-t-il d'autres sources du droit?

Le droit, de quelque façon qu'on le considère, est toujours le droit d'agir. Or, on ne peut agir que sur quelque chose, et on n'a le droit d'agir sur cette chose que lorsqu'on en est le propriétaire. Donc le droit suppose la propriété : il est la conséquence de la propriété et seulement de la propriété.

La propriété est donc la seule et unique source du droit.

Il y a propriété et propriété, comme il y a droit et droit ; mais il n'y a droit que là où il y a propriété, et le droit ne s'étend que jusqu'où s'étend la propriété.

Ainsi l'homme a la propriété d'abord de sa propre personne : il s'appartient à lui-même. Toutefois il ne s'appartient pas tellement, qu'il n'appartienne encore à sa famille, à sa patrie, au genre humain et à Dieu : il a donc le droit d'user de lui-même, mais de manière à ne léser les droits ni de sa famille, ni de sa patrie, ni du genre humain, ni de Dieu.

Le père a une certaine propriété de ses enfants : ses enfants sont à lui, ils lui appartiennent, non pas cependant sans appartenir aussi à eux-mêmes, aux autres hommes et à Dieu. De là l'étendue et les limites des droits du père sur ses enfants.

Le propriétaire d'une terre en a la propriété, et, si cette terre n'appartient en rien à personne autre, il peut en user comme bon lui semble : son droit est sans limites.

Mais, si d'autres hommes ont acquis un certain droit sur cette terre, les droits du propriétaire sont limités par les droits de ces autres.

Un homme riche donne une terre à un autre homme. Celui-ci devient propriétaire et il a droit d'user de son bien ; mais, si le donateur s'est réservé quelques droits, comme celui de chasse, ou de passage, ou même s'il a imposé des conditions comme celle de n'y pas introduire telle ou telle denrée, tel ou tel animal, ou même tels ou tels hommes, le nouveau propriétaire n'a pas le droit de s'opposer à ces conditions, et, une fois qu'il y a souscrit, il n'a plus le droit d'y contrevenir. Mais à son tour le donateur ne peut pas, après l'acceptation de l'autre, imposer de nouvelles conditions : ce serait empiéter sur les droits du nouveau propriétaire.

Toutes ces considérations sont de simple bon sens : tout le monde les juge sans effort de la même manière, et il semble même ridicule, ou au moins banal, de s'y appesantir, ou même de les exprimer. Et pourtant, ces mêmes vérités de bon sens sont méconnues de tous, dès que, passant dans le terrain de la politique, elles changent, non de réalité, mais d'apparence.

D'ailleurs, si banales qu'on puisse les croire, on les admet du moins comme incontestables ; et c'est tout ce dont nous avons besoin, pour en faire surgir la solution des questions qui vont suivre et que les passions ont si fort embarrassées.

Il reste donc bien établi que LE DROIT EST LA LÉGITIME POSSESSION OU LA LÉGITIME REVENDICATION D'UN POUVOIR et que LE DROIT NAÎT DE LA PROPRIÉTÉ, ET RIEN QUE DE LA PROPRIÉTÉ.

Il demeure aussi bien établi, par là même, que plus un homme a de propriété, plus il a de droit, et que si, par impossible, un homme n'avait aucune espèce de propriété, il n'aurait aucune espèce de droit. Il est bien entendu que la propriété s'entend ici de tout ce qu'un homme peut posséder, depuis sa personne jusqu'au moindre de ses biens.

Il demeure enfin établi que, puisque le droit naît de la propriété, les droits des hommes varient, non-seulement avec le nombre, mais surtout avec la nature de leurs propriétés ; qu'ainsi celui qui ne posséderait que sa personne n'aurait des droits que sur sa personne ; celui qui, outre sa personne, possède encore des talents, a aussi des droits sur ses talents ; celui qui possède en outre des biens meubles a, en outre, des droits sur ses meubles, et, enfin, celui qui a des terres, avec des meubles et des talents, a des droits sur sa personne, sur ses talents, sur ses meubles et sur ses terres.

Ces principes bien établis et mis hors de toute contestation, parce qu'ils sont du domaine du bon sens, nous allons passer à la conséquence naturelle et nécessaire du droit, qui est le pouvoir ou la liberté.

LA LIBERTÉ

Jetons d'abord un coup d'œil sur la multitude innombrable des erreurs commises au sujet de la liberté ; sur les idées si différentes et souvent si fausses que l'on s'en fait.

On a parlé beaucoup de la liberté : le mot est dans toutes les bouches ; on s'accuse mutuellement de ne pas l'aimer assez, mais, dans le fait, tout le monde l'aime, tout le monde la réclame ; seulement on s'entend si peu sur la chose que l'on réclame et qu'on appelle de ce nom, qu'il serait bien difficile de trouver deux hommes qui s'en fassent la même idée.

Pour les uns, la liberté c'est l'absence de toute entrave ; pour les autres c'est la faculté de faire tout ce que l'on veut ; ceux-ci la veulent avec certaines limites, ou avec certains priviléges, ceux-là la veulent sans limite et sans privilége. Puis une multitude de nuances s'établissent entre les diverses idées de liberté : l'intérêt, l'amour-propre, les partis s'en mêlent et il en résulte qu'on ne s'entend plus, et que tel et tel, qui réclame à cris redoublés la liberté, ne réclame au fond que l'esclavage pour les autres et, chose incroyable ! souvent même pour lui.

C'est ce que nous allons tâcher de faire voir, en passant en revue les principales définitions que l'on donne de la liberté ; après quoi nous arriverons plus facilement à donner, non pas la nôtre, mais celle qui est vraie et qui ressort de la nature des choses.

Et d'abord, suffit-il, pour être libre, de n'être retenu par aucune espèce d'entraves ? Dirait-on d'un enfant de quelques mois qu'il est libre de marcher parce qu'on ne l'en empêcherait pas ? On aurait beau ôter de devant lui tous les obstacles, il lui manquerait la force et l'habitude, et, malgré l'absence d'entraves, il ne serait pas libre de marcher. Ecrivez une lettre à un homme qui ne sait pas lire, et que personne ne lui en lise le contenu : direz-vous qu'il est libre de savoir ce que vous lui aurez écrit ?

La liberté n'est donc pas l'absence de toute entrave, et, si l'on veut être de bonne foi, on sera obligé d'avouer qu'un peuple qu'on laisse se gouverner lui-même, mais qui ne sait pas se gouverner, n'est pas libre ; car, bien qu'on le laisse faire, il ne réussira pas à se procurer son propre bonheur, seul objet du gouvernement. Et d'ailleurs, ce peuple, qui, dans notre hypothèse, ne saurait pas se gouverner, ne saurait pas empêcher les égoïstes, les ambitieux, les intrigants de faire réussir leurs projets, et bientôt ceux-ci s'empareraient du gouvernement et le peuple serait leur esclave.

Ainsi, non-seulement l'absence d'entraves ne donne pas la faculté d'agir si on ne l'a pas, non-seulement elle ne donne pas le savoir-faire si on ne le possède pas, mais encore, l'absence d'entraves donne libre cours aux intrigants et facilite ainsi la plus cruelle des tyrannies. Donc, l'absence d'entraves n'est pas la liberté.

La liberté est-elle du moins le pouvoir de faire ce que l'on veut ?

Ici la question est changée, la faculté ne manque pas, le savoir-faire ne manque pas non plus en un sens, car, si l'on veut entendre bien le sens du mot pouvoir, on avouera que celui qui ne sait pas faire une chose n'a pas le pouvoir complet de la faire. Ainsi, le pouvoir véritable suppose le savoir-faire. Celui qui n'a jamais appris à peindre pourrait l'apprendre, devenir même très-fort, et, en ce sens, on peut dire qu'il a d'une manière éloignée le pouvoir de peindre ; mais du moins, pour le moment, ce pouvoir éloigné est tout à fait illusoire, et il faut avouer franchement qu'absolument parlant il n'a pas le pouvoir de faire un bon tableau. Donc, nous pouvons admettre que dans cette expression : *le pouvoir de faire ce que l'on veut*, se trouve sous-entendu le savoir-faire.

Est-ce là la liberté ?

Avant de répondre oui, comme beaucoup de personnes pourraient se hâter de répondre, il faut faire une observation très-importante.

Si un homme était seul au monde, la liberté pour lui pourrait consister dans le pouvoir de faire ce qu'il voudrait. Mais comme les hommes se trouvent en relation nécessaire entre eux, la liberté, que l'on réclame pour l'homme, doit s'entendre de tous les hommes et non d'un seul. Il est évident que, la condition de l'homme étant de vivre en société, il n'est pas possible que la liberté de l'un consiste dans l'esclavage des autres; et, s'il en était ainsi, on serait fort mal venu à réclamer la liberté. Est-ce que mon voisin peut dire qu'il n'est pas libre, tant qu'il n'a pas le pouvoir de me piller ou de m'assassiner, s'il le veut? Que ceux qui entendent ainsi la liberté le disent donc en propres termes, au lieu de cacher leur pensée, et, s'ils ont encore des partisans, du moins ils ne feront plus de dupes. Quel est l'honnête homme qui voudrait d'une pareille liberté?

Il serait donc absurde de prétendre que la liberté de l'homme n'est complète qu'à la condition qu'il puisse assassiner son voisin quand il le voudra, sans avoir à répondre de son action devant aucune espèce de loi, ni de tribunal.

Mais si la liberté peut être complète pour un homme, sans qu'il lui soit permis de voler ni de tuer son semblable, il est donc hors de contestation que la liberté n'est pas le pouvoir de faire ce que l'on veut; car on peut vouloir voler et tuer, et même l'expérience montre qu'il y a des hommes qui le veulent.

Il reste donc bien établi que la liberté n'est pas le pouvoir de faire ce que l'on veut, et qu'au contraire on peut vouloir bien des choses qu'il serait contraire à la liberté de pouvoir faire.

Mais enfin, parmi les choses que l'homme peut vouloir, quelles sont celles qui composent le domaine de la liberté? Car évidemment la liberté consiste dans le pouvoir de faire quelque chose et quelque chose que l'on veut faire. Tout le monde est d'accord sur ce point.

Il faut donc qu'il y ait parmi les choses que l'on peut vouloir faire, un certain nombre bien déterminé d'actions dont le pouvoir constitue la liberté, au point qu'on puisse dire qu'on n'est pas complétement libre tant qu'on n'a pas le pouvoir de les faire toutes, sans exception.

C'est ici que les considérations que nous avons faites sur le droit doivent nous apparaître comme une lumière capable d'éclairer entièrement la question présente.

Si nous considérons un homme possédant plusieurs droits différents, et si cet homme n'a le pouvoir d'exercer qu'un certain nombre de ses droits, sans avoir le pouvoir d'exercer les autres; allons même plus loin et supposons qu'il a la faculté pleine et entière, sans aucune espèce d'entraves, d'exercer tous

ses droits moins un; dirons-nous qu'il est entièrement libre?
Non.

Si, au contraire, un homme a le pouvoir d'exercer tous ses
droits, et qu'une force supérieure le tienne dans l'impossibilité de faire ce qu'il n'a pas le droit de faire, dirons-nous qu'il
est libre ? Oui et parfaitement libre.

En sorte que la liberté n'est autre chose que LE POUVOIR
D'EXERCER SES DROITS. C'est ce qui ressort des considérations
précédentes.

Et de fait, la notion même du droit, telle que nous l'avons
fait ressortir et selon la nature des choses, montre clairement que le droit, et le droit seul, appelle la liberté. L'homme
ne peut justement et légitimement réclamer le pouvoir ou la
liberté de faire quelque chose, qu'en tant qu'il en a le droit.

En effet l'homme a droit d'user de tout ce qui lui appartient,
et son droit s'arrête à la limite de ses propriétés ; car là où
finissent ses propriétés, là commencent les propriétés des autres, et, par conséquent, les droits des autres. En sorte que si
un homme avait le pouvoir de faire quelque chose de plus
que ce qui est de son droit, il empiéterait sur le droit d'un
autre. Or, il ne peut pas se faire que la liberté d'un homme
consiste à ravir les droits des autres hommes : ce serait leur
ravir leur liberté. Donc, la liberté consiste uniquement dans
le pouvoir d'exercer ses droits.

Ainsi, bien loin que les hommes soient plus libres quand
ils ont le pouvoir d'outrepasser leurs droits, c'est au contraire
une des imperfections inhérentes à toutes les institutions
humaines, qu'on n'ait pas pu encore établir, dans aucune société, des lois qui rendent impossibles les abus et les excès
de ceux qui sont plus forts ou plus habiles.

Bien plus, cette imperfection est non-seulement inhérente
aux institutions humaines, mais elle est encore inhérente à
la nature humaine. L'homme est libre, c'est-à-dire qu'il a le
pouvoir de choisir et de se déterminer à telle ou telle action,
selon son bon plaisir. Or, si ce pouvoir qu'il a de choisir ses
actions ne s'étendait qu'aux choses qui sont de son droit, sa
liberté serait parfaite. Mais l'homme peut aussi se porter à
des actions qui dépassent ses droits et qui, par conséquent, lè-
sent les droits d'autrui : c'est là le mal, c'est l'imperfection
de la liberté de l'homme.

Dieu seul possède la liberté parfaite. Il est parfaitement libre, car il peut faire tout ce qui est de son droit, et il ne peut

faire que ce qui est de son droit. Il lui est impossible d'empiéter sur les droits d'autrui, et, par suite, impossible de mal faire. D'où il ne faudrait pas conclure que sa puissance soit limitée, bien loin de là; au contraire, sa puissance est infinie : il peut tout faire, tout ce qui est faisable; et s'il ne peut pas outrepasser ses droits et empiéter sur les droits d'autrui, c'est qu'il est seul Dieu, seul infini, seul créateur et maître de tout, seul indépendant, et que toutes ses créatures dépendent et dépendent entièrement de lui, en sorte que les hommes, qui ont des droits qui limitent les droits des autres, n'ont aucune espèce de droits qui puissent limiter les droits de Dieu. Voilà comment Dieu est parfaitement libre.

Il est même impossible d'imaginer une liberté plus parfaite que celle de Dieu. Aussi, la liberté des hommes se rapprochera d'autant plus de la perfection qu'elle se rapprochera de la liberté de Dieu. Et la constitution la plus parfaitement libre serait celle où les hommes pourraient, sans entraves et avec toutes les facilités possibles, exercer tous leurs droits, sans qu'il leur fût possible jamais de les outrepasser, d'empiéter sur les droits d'autrui.

Malheureusement, désigner une pareille constitution c'est dire qu'elle n'existera jamais.

Mais s'il nous est impossible d'atteindre à cette perfection, nous pouvons toujours chercher à nous en rapprocher.

Ceci nous amène naturellement à la recherche d'une constitution, c'est-à-dire d'une forme de gouvernement et d'une législation où la liberté serait plus parfaite, c'est-à-dire où les droits de tous les citoyens seraient également sauvegardés et où l'exercice de tous ces droits serait également facilité à tous.

Toutefois, avant d'entrer dans cette étude, faisons encore quelques observations et tirons quelques conséquences de ce qui précède.

Maintenant que la lumière est faite sur le droit et sur la liberté, il nous est facile de voir que réclamer la liberté c'est réclamer l'exercice de ses droits et rien de plus, et que tous ceux qui, en demandant la liberté, demandent autre chose sont des voleurs ou des tyrans.

Il est facile de voir aussi que souvent les lois sociales, en voulant empêcher les voleurs et tous les autres artisans de crimes d'exécuter leurs ignobles desseins en violant les droits de leurs semblables, sont dans la nécessité de gêner en quelque chose les honnêtes gens dans l'exercice de leurs droits.

Par exemple, au point de vue du droit naturel que possèdent tous les hommes, à raison même de leur nature intelligente, toutes les professions honnêtes devraient être libres ; mais parce qu'il y a des professions très-honnêtes, dont les coquins pourraient abuser, les lois de presque tous les États attribuent au gouvernement la surveillance spéciale de certaines professions qui ne sont dès lors permises qu'à tels et tels, au détriment sans doute de la liberté des autres, mais pour un plus grand bien.

Ainsi encore, parce qu'il y a des filous, des voleurs, des assassins et autres gens de cette espèce, il est nécessaire qu'il y ait, dans un état, des gendarmes et des agents de police. Parce qu'il y a des nations ou des rois capables de porter atteinte aux droits des peuples voisins, il faut que chaque peuple entretienne, à grands frais, de nombreuses armées permanentes et sacrifie ainsi les plus belles années de la vie d'un grand nombre de citoyens, qui se trouvent par là plus ou moins lésés dans leurs droits naturels : c'est encore pour un plus grand bien, ou, pour mieux dire, c'est encore un moindre mal.

Mais pourquoi donc faut-il que les honnêtes gens s'imposent ainsi une gêne, un sacrifice, un mal en un mot, afin d'en éviter un plus grand ? C'est parce qu'il existe des méchants.

Or, comme la liberté ne sera jamais parfaite tant que les hommes seront obligés de renoncer à une partie de leurs droits pour sauver le reste, il s'ensuit que, pour arriver à la liberté parfaite, il faut faire disparaître les méchants.

On demandera peut-être quels sont les moyens de faire disparaître les méchants.

Il y a plusieurs moyens. Le premier c'est de les chasser ou de les mettre à mort. Mais, outre qu'il est trop violent et que, s'il ne répugne pas à la justice, il répugne du moins à la charité que dix-huit siècles de Christianisme ont malgré nous implantée dans nos cœurs, le moyen est aussi très-onéreux pour les sociétés puisqu'il exige une police et des armées, sans compter les cours d'assises, les prisons et les bourreaux.

Il reste encore un moyen auquel nos sociétés n'ont plus l'air de croire. Le moyen que nous allons indiquer pourra paraître étrange à ce grand nombre d'hommes de nos jours, que les empoisonneurs des intelligences, les romanciers, les journalistes, les déclamateurs populaires et autres gens sans principes ont formés au mépris de tout ce qui est vrai, beau, bon et saint ; à un peuple accoutumé à se moquer de toute religion et de Dieu lui-même ; à des hommes qu'on dirait dévorés d'une rage féroce contre tout exemple de vertu qui leur fait honte, et qui, par suite de cette rage, ne savent qu'insulter ceux qui enseignent par leurs paroles et leurs exemples la morale si belle du Christianisme ; à ces hommes, dis-je, le moyen paraîtra étrange. Pourtant le voici :

Pour faire disparaître les méchants et atteindre ainsi le degré le plus complet de liberté auquel une nation puisse aspirer, il faut les rendre bons ; il faut les convertir et les convertir non pas à la prétendue morale indépendante, qui n'est que la morale impossible, mais les convertir à la pratique de la religion chrétienne, seule capable d'inspirer, de nourrir et de soutenir toutes les vertus qui font les bons fils, les bons époux, les bons pères de famille, les bons citoyens ; seule capable d'inspirer et de donner la force de pratiquer toujours le devoir, qui respecte la liberté des autres, en réclamant pour soi la plus entière liberté, l'exercice de tous ses droits.

Soyons de bonne foi et avouons que, si nous n'avons pas la liberté que nous désirerions, la faute en est à tous ceux qui, par leur ambition, leur cupidité, leur mauvaise foi plus ou moins développée, par des déclamations furibondes parfois contre les personnes qui aiment encore la religion et la vertu, ont jeté la défiance dans les esprits et obligé tous les citoyens à se tenir en garde les uns contre les autres, comme des animaux féroces prêts à s'entre-dévorer. La faute en est aux doctrines subversives, dont ils ont plus ou moins favorisé la diffusion, et qu'ils ont introduites ou laissé s'introduire dans la pratique ; prétendant d'abord, sous prétexte d'égalité, se faire reconnaître des droits qu'ils n'avaient pas et se mettant ensuite bravement à les exercer, ou bien n'élevant pas même la voix pour protester contre cette tyrannie, la plus cruelle de toutes, celle où une poignée d'audacieux, sans nom et sans mérite, imposent leurs caprices à tout un peuple.

Et ils ont décoré cela du nom de République ! Et ils l'ont fait au nom de la liberté ! quelle dérision ! quelle ignominie !

La liberté ! mais sans doute nous l'aimons, nous la voulons autant que vous et mieux que vous ; mais cessez donc de profaner ce nom sacré, la plus belle prérogative de l'homme, celle qui le fait le plus ressembler à Dieu ; cessez donc de la souffleter ainsi et d'insulter à l'humanité, en appelant de son nom l'esclavage que vous nous avez fait et dans lequel vous voudriez enchaîner tous les autres hommes. Arrière, menteurs, ce n'est pas la liberté que vous voulez, c'est la tyrannie de votre ignorance et de votre égoïsme.

La République ! c'est de ce nom que vous appelez votre domination ; mais pour la chose vraie vous n'en voulez pas.

Donnez-nous donc, ou, plutôt, laissez-nous établir la véritable république, *l'administration du bien de chacun par chacun et du bien de tous par tous ceux à qui il appartient.* Est-ce donc qu'une poignée d'hommes, dont plusieurs sont indignes de ce nom par leurs doctrines et par leurs mœurs, dont beaucoup ont perdu leurs droits de citoyens en forfaisant à l'honneur ; est-ce que cette poignée de machines humaines sans cœur et sans nobles pensées, pourraient, de leur propre autorité, ou sur l'ordre d'un meneur, représenter une nation ? Arrière donc, encore ; n'ajoutez pas le sarcasme et l'injure au mensonge. Non, vous ne représentez pas la République : vous ne voulez pas la république, mais la ruine de la patrie. Mais chassons pour un moment toute indignation, quelque juste qu'elle soit, et reprenons le calme nécessaire pour continuer sûrement et à l'aide des lumières du bon sens, comme nous avons fait jusqu'ici, l'examen que nous avons entrepris.

Nous devons étudier au point de vue de la liberté, c'est-à-dire au point de vue du droit, les différentes formes de gouvernement. Pour être plus impartial dans cette étude, laissons de côté tout ce que cette question peut avoir de personnel ou de propre à tel ou tel peuple, et plaçons-nous au point de vue non de la France, ni de l'Europe, mais au point de vue de l'humanité.

DES FORMES DE GOUVERNEMENT

Cicéron, d'accord en cela avec Aristote, distingue trois formes de gouvernement : la Monarchie, ou gouvernement d'un seul ; l'Oligarchie, ou gouvernement de quelques-uns, et ce gouvernement prend le nom d'Aristocratie quand ce sont les nobles qui ont le pouvoir ; et enfin la Démocratie, qui est le gouvernement de tous les citoyens.

Montesquieu distingue deux espèces de gouvernement d'un seul : la Tyrannie, où le chef gouverne selon ses caprices, et la Monarchie, où le roi gouverne selon les lois ; et il classe ensuite les trois autres formes de gouvernement sous le nom de République.

Voilà donc toutes les formes de gouvernement qui ont été employées à diverses époques, chez les différents peuples.

Aristote et Cicéron se sont demandé lequel de ces gouvernements est le meilleur, c'est-à-dire le plus propre à procurer le bien de tous, et tous deux ont été d'avis que le meilleur serait un mélange des trois.

Pour nous qui voulons, avant tout, la liberté de tous et la justice, nous nous demanderons quel est celui des trois qui est le plus conforme aux droits des hommes qui composent un peuple. Car peu nous importe que telle forme plaise davantage aux uns et déplaise aux autres : il ne s'agit pas ici de ce qui plaît, mais de ce qui est juste ; non pas de ce que l'on veut, mais de ce qu'on a droit de vouloir ; non pas de ce qui est plus conforme aux idées d'une époque ou d'une autre, mais de ce qui est éternellement vrai.

Quelle est donc, pour les différents peuples de la terre, le gouvernement qui est conforme à leurs droits ?

Rappelons-nous les vérités incontestables que nous avons reconnues plus haut.

La liberté de se gouverner est fondée sur le droit, puisque la liberté n'est que le pouvoir d'exercer ses droits. Le gouvernement appartient donc à ceux qui ont le droit de gouverner.

Or, le droit vient de la propriété. L'administration des biens, quels qu'ils soient, et, par suite, le gouvernement appartient donc aux propriétaires de ces biens ou de la chose qu'il s'agit de gouverner.

Et qu'y a-t-il à administrer ou à gouverner dans un Etat ? Il y a d'abord des personnes, puis des biens particuliers, et, enfin, des biens publics.

. Le gouvernement se compose : 1º d'une constitution qui fixe la part que chaque personne doit prendre au gouvernement ; 2º d'un ensemble de lois qui règlent, avec autant de détails qu'il se peut, la manière dont chacun devra exercer ses propres droits pour ne pas empiéter sur ceux des autres ; 3º enfin, d'un pouvoir exécutif, qui a la force nécessaire pour faire respecter la constitution et observer les lois.

Je sais bien qu'on va me dire que la constitution n'est pas de l'essence du gouvernement. Je répondrai que la constitution d'un Etat étant la base de son existence, il ne peut pas se faire qu'un Etat se forme, ni subsiste sans constitution. Le mot constitution ne désigne pas, par lui-même, ce qu'on lui a fait désigner depuis un demi-siècle, savoir les libertés du peuple, consacrées par l'acceptation d'un souverain. Ce mot désigne l'ensemble des règles primordiales, qui font la base d'une société, et, par conséquent, bien que les constitutions monarchiques ne ressemblent pas aux constitutions démocratiques, il n'en est pas moins vrai qu'il y a une constitution dans la Monarchie et même dans la Monarchie tyrannique, aussi bien que dans la Démocratie. Il suffit que les bases de la vie d'un Etat ou les bases d'administration d'une société quelconque soient fixées par les ayants droit, pour qu'on puisse donner à ces bases le nom de constitution.

Un état est donc dirigé tout à la fois par une constitution, par une législation et par un pouvoir exécutif, qui porte ordinairement le nom de gouvernement ; mais ce nom convient mieux à l'ensemble des trois forces qui régissent un Etat, et c'est dans ce sens qu'on l'entend quand on dit : la forme du gouvernement.

Ainsi, sous toute forme de gouvernement, la constitution règle la participation des divers citoyens au pouvoir législatif et au pouvoir exécutif ; les lois règlent les détails de l'administration, les charges des citoyens envers l'Etat et la manière dont ils doivent administrer leurs propres biens ; enfin, le pouvoir exécutif assure l'exécution des lois.

Or , ces trois puissances vitales de l'Etat doivent être formées et réglées selon les droits des intéressés. Si les droits de quelqu'un des intéressés, fût-ce d'un seul, sont méconnus, le gouvernement est tyrannique, la liberté est violée, et, tôt ou tard, la ruine doit s'ensuivre pour la nation entière, si le vice n'est pas corrigé.

Or, les droits, qui tous viennent de la propriété, peuvent très-bien se classer en trois, comme nous l'avons fait déjà. Les droits des personnes en tant que personnes, les droits particuliers et très-multiples qui viennent des biens particuliers, et, enfin, les droits communs qui viennent des biens communs.

Or, est-il permis de négliger une de ces sortes de droits ? Non. Par conséquent, un gouvernement, pour être juste et libre, doit les consacrer tous.

Voyons donc à qui appartiennent ces différents droits et nous saurons à qui en appartient le gouvernement.

La personne d'abord n'appartient qu'à la personne, et, comme aucun homme n'a droit sur un autre homme en dehors de la paternité, il n'appartient à qui que ce soit d'imposer à un peuple des lois sur les personnes ; et une constitution, par laquelle les citoyens abandonnent à un d'entre eux quelque chose de ce droit personnel, est une constitution qui consacre une diminution de liberté, quelque volontaire qu'elle soit. Et notez que cette diminution porte sur celui de nos droits qui nous est, avec raison, le plus cher.

Donc, au point de vue de la liberté parfaite, le gouvernement ne doit pas s'occuper des personnes en tant que personnes, et il serait peu raisonnable de la part des citoyens de lui abandonner ces droits.

Les biens particuliers appartiennent aux particuliers et personne, que les propriétaires de ces biens, n'a le droit de les administrer. Il est vrai que ce droit est plus facilement aliénable que celui qui regarde les personnes, mais il ne serait pas moins ridicule d'en abandonner la direction au gouvernement.

Donc encore, la liberté parfaite exige que le gouvernement ne se mêle pas de gérer les biens des particuliers.

On voit tout de suite combien sont contraires au droit naturel et à la liberté les théories ridicules de quelques socialistes, qui prétendent, sous prétexte de constitution républicaine, donner au gouvernement la direction des biens particuliers et même des personnes, par exemple l'éducation des enfants, qu'ils voudraient ravir au père ; ou qui donnent comme l'idéal d'un état libre, un immense atelier, où tous les hommes travailleraient pour le compte de l'Etat, comme dans un bagne.

Restent les biens publics, qui appartiennent à tous et qui, pour cette raison, doivent être administrés par tous.

Ainsi, en résumé, le gouvernement n'a le droit de régler que ce qui lui appartient, c'est-à-dire les biens publics, en supposant toutefois que le gouvernement représente la nation ; quant aux biens des particuliers et aux personnes, il n'a pas le droit de s'en mêler, et les citoyens auraient grand tort de lui céder ce droit.

Mais que faut-il entendre par biens particuliers et biens publics ? A quoi s'étendent-ils ? Quelles en sont les sources ? N'y a-t-il pas mélange et conflits de droits privés et publics sur un même objet ? Enfin le droit qu'engendre la propriété n'atteint-il pas, en quelque manière, les personnes ?

Voici bien le nœud de la difficulté, le point où commence l'obscurité et l'erreur dans les idées communes. De la solution de ces questions doit naître la solution de tous les conflits entre les divers systèmes politiques et même cette solution, bien comprise, doit arracher à tous les partis les hommes de bonne foi, qui veulent sincèrement la vraie liberté, la justice, pour leur faire reconnaître à tous la forme de gouvernement qu'exige le droit de tous.

Nous avons vu plus haut comment on acquiert la propriété et, avec elle, le droit de l'administrer; nous avons vu aussi que le droit d'un propriétaire peut être limité par le droit d'un autre sur un même objet ; nous avons vu que cette opposition des droits vient de ce que plusieurs personnes possèdent, ou ensemble et au même titre, un même objet, ou, à différents titres, différentes parties d'un même objet.

En sorte que les biens particuliers ainsi que les biens publics peuvent se trouver grevés de servitudes qui viennent des conditions de leur acquisition. Ces servitudes peuvent être locales et exister en faveur de tels autres biens publics ou particuliers, ou même ces servitudes peuvent être personnelles, si la propriété du bien particulier n'a été livrée qu'à la condition d'une servitude personnelle.

Je vais exposer clairement cette pensée par un exemple.

Transportons-nous hors des pays habités, et supposons

qu'un homme, avec sa famille, va s'établir le premier dans une île qui n'appartient encore à personne. De l'aveu de tous les jurisconsultes et de tous les théologiens, par le droit du premier occupant, il devient légitimement propriétaire de cette île, et il a droit d'en retirer tous les fruits.

Mais cette île est très-grande et sa famille s'y répand à l'aise, et il pourrait sans inconvénient laisser de nouveaux étrangers s'y introduire. Or, un jour, des colons abordent à son île et, la trouvant habitée et possédée par un autre, ils demandent la permission de s'y établir. Le premier proprié-taire consent à les laisser s'établir ; il leur abandonne, en pleine propriété, des terres assez étendues, qu'il distribue à chacun d'eux et leur dit : Vous cultiverez ces terres comme vous l'entendrez, vous en retirerez les fruits ; ils seront votre propriété ; mais j'exige seulement que chaque année vous me fassiez hommage de tant de mesures de blé, de tant de mesures de vin, etc., et de plus vous aurez soin de suivre, dans votre conduite publique, les règlements que j'ai tracés et que voici.

Les conditions paraissant acceptables aux colons, ils entrent en possession de leurs terres et déclarent être dans l'inten-tion de se soumettre aux conditions.

On voit clairement que, par suite de ce contrat, la propriété des colons est grevée, en faveur du premier propriétaire, de plusieurs servitudes, dont les unes sont réelles ou locales et les autres personnelles.

Or, cet homme vient à mourir et sa famille hérite de tout son bien qui est l'île entière. Elle hérite, par là même, du droit que cet homme s'était réservé sur les biens des nouveaux colons. Les colons eux-mêmes se multiplient et leurs biens se divisent. Mais comme la servitude, imposée et consentie dans la translation de propriété, grevait les propriétés elles-mêmes, chaque nouveau propriétaire est tenu, pour la part qu'il possède, à payer à la famille du premier propriétaire les redevances imposées et consenties, et les enfants de cette fa-mille ont le droit d'exiger que les descendants des colons observent les règlements personnels que leur père avait tra-cés.

Si nous demandons maintenant quel nom il faut donner au premier propriétaire et aux colons qui sont venus après lui, nous serons forcés d'appeler le premier, roi, et les autres, sujets. Ce roi, bien que n'étant plus le seul propriétaire de l'île, a conservé cependant un droit sur les propriétés des autres et même il a conservé un certain droit sur leurs personnes, à raison de son droit sur les propriétés. Voilà comment un homme peut avoir des droits personnels sur d'autres hommes à raison des propriétés foncières.

C'est là, en droit naturel, une des origines de la Royauté.

Voyons maintenant une des origines des républiques.

Un jour, un certain nombre d'hommes s'associent pour aller à la découverte d'une terre inhabitée; ils la trouvent, s'en rendent maîtres, par le droit du premier occupant, et se la partagent. Ils sont tous propriétaires indépendants et chacun administre son bien comme il l'entend. Mais, comme l'homme ne peut pas vivre seul, ils font une convention d'après laquelle ils se constituent en société : ils mettent quelques biens en commun, ils font des règlements, ils nomment un chef chargé de les faire observer et d'administrer, au nom de tous, les biens mis en commun. C'est la République, c'est le gouvernement de tous et il est même, de droit naturel, qu'il en soit ainsi. Comme ils sont tous propriétaires indépendants, ils ont tous en principe le droit de se gouverner seuls, mais, à raison de leur mise en commun de quelques biens et à raison de leur convention, ils se soumettent librement à des lois communes ; mais il est évident que ces lois ne peuvent être faites qu'en commun et consenties par tous. Et s'ils ont un chef, ce chef doit être élu par tous et il ne pourra les administrer que selon les lois qui émaneront de tous ; et, bien plus, le jour où il voudra outrepasser ces lois et leur en imposer de nouvelles, ils ont le droit naturel de le déposer et d'en nommer un autre. Ainsi parle le bon sens., ainsi le veut le droit qui naît de la propriété.

Ces deux exemples pourraient suffire pour montrer que la Royauté et la République peuvent être également conformes au droit, également justes, également inviolables. Et il est évident que si d'un côté il y aurait violation de droit à chasser de ses terres et à priver de son autorité le roi, légitime propriétaire, il y aurait également violation de droit à usurper le pouvoir à son profit, en abusant de la ruse ou de la force, dans le peuple légitimement constitué en république, à raison des propriétés de chacun.

Mais ces deux formes de gouvernement peuvent recevoir des combinaisons diverses et même peuvent quelquefois avoir d'autres origines.

Dans la République que nous venons de supposer, tous les hommes sont citoyens et ils le sont parce qu'ils sont propriétaires, et propriétaires premiers.

Si donc ces citoyens reçoivent chez eux de nouveaux colons, qu'ils laisseront s'établir soit sur les biens publics, soit sur leurs biens particuliers, ne pourront-ils pas, tout en leur abandonnant la propriété de ces terres, se réserver sur ces terres des droits réels et des droits personnels ? N'est-il pas naturel même qu'ils se réservent ces droits et que, ne voulant pas abandonner leur constitution et leurs lois à la merci des nouveaux venus, ils se réservent à eux seuls la participation au gouvernement? La chose est non-seulement possible, mais même assez conforme au droit; en tous cas, ils sont libres de poser cette condition. Si donc ils la posent, que seront les nouveaux venus, qui, quoique propriétaires, n'auront point droit de concourir au gouvernement ? Seront-ils citoyens ? Non : ils seront sujets, et sujets d'une république.

Allons plus loin et examinons tous les changements de condition politique qui peuvent survenir, dans un pareil état.

Supposons que quelques-uns des citoyens, pour une cause naturelle quelconque et non par violence publique, perdent leurs biens privés; seront-ils encore citoyens? Oui, si la République possède des biens publics mis en commun, et à raison de ces biens publics, sur lesquels ils n'ont pas pu perdre leurs droits ; non, si la République n'a pas de biens mis en commun ; car alors le droit de citoyen étant la conséquence des biens privés, ceux qui n'ont plus de propriétés privées ne doivent plus prendre part au gouvernement et ne sont plus citoyens.

Ainsi, dans une République, il peut y avoir des citoyens et des sujets et les citoyens peuvent perdre leurs droits de citoyen. Les sujets, au contraire, par la même raison, peuvent devenir citoyens en achetant les biens auxquels le droit de citoyen est attaché.

Mais ce dernier exemple nous montre, comme une conséquence du droit naturel attaché à la propriété, l'existence de deux constitutions républicaines bien distinctes. La première est démocratique en ce sens que tous les hommes, étant propriétaires, sont tous citoyens ; la seconde est aristocratique, en ce sens que, les premiers propriétaires seuls sont citoyens et ont le droit de gouvernement ; les autres sont sujets et sont tenus d'obéir aux lois établies par les citoyens.

Voilà l'origine naturelle des deux formes de la République : la Démocratie et l'Aristocratie.

Voyons maintenant les variétés de la Monarchie.

Le premier et unique propriétaire d'une terre a pu, comme nous avons vu, donner des terres sous certaines conditions. Or, ces conditions peuvent être plus ou moins libérales : il a pu se réserver seul le droit de gouverner le pays ; il a pu aussi transmettre aux premiers colons une partie de ses droits et les faire entrer pour quelque chose dans le gouvernement ; il a pu même étendre sa libéralité jusqu'à n'exiger d'eux qu'un secours occasionnel contre ses propres ennemis, et leur abandonner l'entière administration réelle et personnelle de leurs terres. Ceux-ci ont pu dès lors recevoir chez eux les nouveaux venus et se réserver, à leur égard, le gouvernement. Ces derniers deviennent dès lors des sujets, tandis que les grands propriétaires sont des seigneurs ou des nobles.

La Monarchie se trouve ainsi mêlée d'Aristocratie.

La nature des choses nous amène donc à reconnaître l'existence possible et parfaitement légitime des quatre formes de gouvernement que nous venons de voir : la Monarchie pure, la Monarchie aristocratique, l'Aristocratie pure et la Démocratie.

Or, toutes ces formes de gouvernement ont existé dans le monde, et toutes y existent encore.

Les monarchies d'Asie étaient presque toutes et sont encore des monarchies pures.

Les monarchies grecques et la monarchie romaine, depuis Romulus jusqu'à Tarquin le Superbe, étaient des monarchies aristocratiques.

Les républiques grecques et la république romaine ont toutes commencé par être des aristocraties pures ; la république romaine s'est plus ou moins rapprochée, à diverses époques, de la démocratie, mais elle n'y est jamais arrivée.

Les républiques plus modernes, qui ont existé en Italie ou même en France, par exemple à Marseille, étaient généralement des aristocraties souvent mêlées de démocratie, et plus souvent encore, comme dans les républiques grecques et dans la république romaine, usurpées pour un temps par des tyrans.

La république suisse et la république des États-Unis sont deux démocraties, qui ont commencé par des multitudes de démocraties séparées, qui ont passé quelquefois au régime aristocratique et qui ont fini par se constituer définitivement, selon le droit naturel de ces pays et de leurs propriétaires, en démocraties pures.

Il résulte de tout ce qui précède que toutes les formes de gouvernement peuvent être conformes au droit naturel. On peut même affirmer que, de fait, toutes ces formes ont été légitimes à diverses époques dans différents pays. On peut enfin conclure avec Pascal :

« Dans un État établi en république, ce serait un très-grand « mal de contribuer à y mettre un roi, et à opprimer la liberté « des peuples, à qui Dieu l'a donnée. *(Dieu la leur a donnée par* « *son principe naturel qui est la propriété.)* Mais dans un État où « la puissance royale est établie *(légitimement)* on ne pourrait « violer le respect qu'on lui doit, sans une espèce de sacrilége; « parce que la puissance que Dieu *(toujours au moyen du prin-* « *cipe naturel de la puissance, qui est la propriété)* y a attachée, « étant non-seulement une image, mais une participation de « la puissance de Dieu, on ne pourrait s'y opposer sans résis- « ter manifestement à l'ordre de Dieu *(qui se manifeste par* « *l'ordre naturel).* »

Nous croyons avoir pleinement amené la conclusion suivante.

La forme de gouvernement d'un pays n'est pas une affaire d'opinion et de parti, car ce n'est pas une affaire de sentiment. Il ne s'agit pas de savoir si on aurait plus de plaisir, ou plus de licence, ou même plus d'intérêt sous telle forme que sous telle autre; mais il faut, avant tout et après tout, se demander quelle est la forme de gouvernement qui résulte du droit naturel dans tel ou tel pays. Le droit naturel se démontre par la propriété. La propriété complète ou incomplète se démontre par les titres, et, à défaut de titres, par la prescription, pourvu que l'origine n'en soit pas manifestement connue comme un vol ; car on prescrit par la possession de bonne foi et exempte de protestation, mais on ne prescrit pas par le vol.

Or, en France, puisqu'il faut enfin en venir à une conclusion dernière et utile, en France, huit siècles de possession et d'exercice du pouvoir sans opposition, avaient constaté le droit légitime des propriétaires qui étaient les anciens seigneurs et les rois ; quatre siècles de possession et d'exercice du pouvoir, sans opposition, avaient constaté que le haut domaine des anciens seigneurs des terres nobiliaires avait légitimement passé entre les mains des rois de France ; cette propriété et le droit qui y était attaché se transmettaient légitimement du père aux fils, parmi lesquels, selon la volonté libre du père et non selon les entraves tyranniques de notre nouveau code, l'aîné seul devait hériter du haut domaine sur les terres de France, comme depuis huit siècles l'aîné des fils des seigneurs avait seul hérité du haut domaine sur les terres seigneuriales : donc, tant que cette famille, légitime héritière et manifestement dépossédée par violence en 1789, ne sera pas éteinte, les Français n'auront pas le droit de se constituer en république.

Ainsi, par le droit naturel qui résulte de la propriété de tous, la forme nécessaire et seule légitime du gouvernement de la France, c'est la Monarchie. Mais cette monarchie n'est pas élective ; le roi n'y peut pas être élu par les Français ; il l'est par droit de naissance, comme héritier de son père ; il n'est pas le roi des Français, mais le roi de la France, et c'est parce qu'il est le roi de la terre de France que quiconque est propriétaire d'une partie du sol de la France, ou seulement y habite, est le sujet du roi. Il est le roi de la terre, par droit d'héritage, non pas que la terre lui appartienne, mais parce que la terre tout entière est grevée d'une servitude à son égard ; il a le droit de gouverner sur cette terre, et d'y faire observer les conditions consenties par les anciens propriétaires acquéreurs, vis-à-vis de ses aïeux, les rois de France.

Ce droit de haut domaine sur les terres, les rois de France l'ont acquis, non pas sous Clovis, ni sous Charlemagne, par l'hommage-lige que les seigneurs vouaient alors aux rois ; les droits des rois étaient tout autres alors. Les vrais rois, à cette époque, c'étaient les seigneurs des provinces, qui, selon les lois, us et coutumes de leurs ancêtres, consentis par leurs vassaux et serfs, dans les siècles antérieurs, administraient leurs terres, y rendaient la justice, levaient des armées et même battaient monnaie. Le roi, alors, était le roi des seigneurs et non de tout le peuple, ni de toute la terre de France. Mais après que, par mariage, par testament, par donation, par achat, et rarement par conquête, les rois se trouvèrent mis aux lieu et place des seigneurs, ils héritèrent de tous leurs droits sur les terres, et, par suite, de leurs droits sur les personnes, lesquels n'étaient partout que des servitudes foncières, consenties par les premiers acquéreurs, et devinrent ainsi vraiment rois de France. C'est cette transmission des droits des seigneurs entre les mains des rois, qu'une prescription de quatre siècles a constatée légitime, comme une prescription de huit siècles avait constaté la légitimité des droits que les seigneurs exerçaient dans leurs provinces.

Il ne s'agit donc plus de savoir si on veut la République ou la Monarchie ; si on veut tel ou tel roi. Les Français habitent un sol dont le gouvernement appartient au descendant, héritier légitime du droit des anciens rois ; ils n'ont donc pas à le nommer ; ils n'ont que le droit et le devoir de le reconnaître et d'ôter les obstacles qu'ils ont jusqu'ici opposés à son retour dans la pleine jouissance de ses droits.

———

Pourtant les droits du roi ne sont pas absolus : ils ne s'étendent naturellement pas au delà des droits qu'avaient les seigneurs des provinces sur leurs terres, droits qui venaient des conditions posées par leurs aïeux aux premiers acquéreurs, ou du consentement tacite par lequel tout acquéreur d'une propriété se soumet, en l'achetant, aux lois qui régissent alors le pays où se trouve cette propriété.

D'où il est facile de voir que les droits du roi ne peuvent plus être aujourd'hui ce qu'ils furent, il y a deux siècles, ou trois, parce que la source du droit, la propriété, a éprouvé de profonds changements.

Donc, les lois constitutionnelles doivent être refaites, et elles ne peuvent l'être légitimement que par un accord entre le roi et la nation.

Mais une vérité demeure établie, c'est le droit incontestable du roi à régner sur la France.

Qu'on l'appelle donc au plus tôt ; et la France, faisant cesser cette longue injustice, retrouvera dans l'accomplissement de son devoir toute la force qu'elle a perdue, dans sa course chimérique vers une indépendance nuisible parce qu'elle était illégitime.